포스트 신데렐라

포스트 신데렐라

초판 1쇄 인쇄일 2025년 6월 26일
초판 1쇄 발행일 2025년 6월 30일

지은이 김혜강
펴낸이 양옥매
디자인 표지혜 송다희
마케팅 송용호
교 정 조준경

펴낸곳 도서출판 책과나무
출판등록 제2012-000376
주소 서울특별시 마포구 방울내로 79 이노빌딩 302호
대표전화 02.372.1537 **팩스** 02.372.1538
이메일 booknamu2007@naver.com
홈페이지 www.booknamu.com
ISBN 979-11-6752-648-9 (03800)

* 저작권법에 의해 보호를 받는 저작물이므로 저자와 출판사의 동의 없이 내용의 일부를 인용하거나 발췌하는 것을 금합니다.
* 파손된 책은 구입처에서 교환해 드립니다.

본 사업은 2025년 부산광역시, 부산문화재단 〈부산문화예술지원사업〉으로 지원 받았습니다.

포스트 신데렐라

김 혜 강   시 집

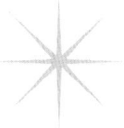

시인의 말

지금
여기 있습니다

2025년 6월
김혜강

차례

시인의 말   5

제1부

손잡이가 있어 다행이다

뿌리 깊은 유희	12
정복의 알고리즘	14
일요일과 침대	16
파티	18
남용濫用	20
희망	22
새들은 죄가 없다	24
노스탤지어	26
불면	28
포스트 신데렐라	30
바이러스	32
이중주	34
전철	36
도자陶瓷	38
장마	39

제2부

풍경이 활짝 펴지듯

강정	42
밤	44
당번들	46
비 오는 날	48
연인들의 이야기	50
오해	52
검은 발자국	54
변주, 바다를 주제로 한	56
해변의 찔레꽃	58
동거	60
분홍	62
필요하지 않은	64
겨울 이야기	66
정동진에서	68
나무들에겐 국경이 없다	70

제3부

연민으로 동심원을 그리는

꿈 이야기	74
봄	76
닥터 도티의 마술	78
조문	80
전화	82
말랑함을 위하여	84
비	86
무지개	88
학구적 인간	90
언어 사용에 관한 몇 가지 지침	92
포맷	94
선운사 동백꽃	96
보름달	98
낯익은 바람에게	100

제4부
물은 영원으로 흘러간다

프로메테우스	102
새들은 날아가지 않았지만	104
냇가에서	106
나귀를 찾아서	108
봄 이야기	110
늑대	112
융통성이 없다구요	114
신호등	116
마왕	118
사인死因	120
낮달	122
뿌리	124
문	126
내가 만나러 가는 사람은	128

해설
응시와 환대, 아이러니한 세계를 넘어서는 언어의 지도　　130

제1부

손잡이가 있어 다행이다

뿌리 깊은 유희

한 무리가 인육을 먹고 있다
오래된 것 펄펄 살아 뛰는 것 가리지 않고
쉴 새 없이 씹고 씹어
요리사가 끊임없이
한 쟁반 비면 다시 한 쟁반 내놓는다

누군가는 키를 누군가는 몸매를
누군가는 팔을 누군가는 다리를
골고루 맛보라며 서로 주거니 받거니 하는 동안
성격이 누군가는 가장 맛있다며
씹을수록 고소하다며 질근질근 잘근잘근 씹는다

음식들이 동나자
요리사는 피곤하여 비스듬히 팔을 괴고
폭식한 사람들은
시리던 위장이 편하다며
숨을 크게 뱉어낸다

성찬을 베푼 요리사가 일어나자
하나둘 자리를 털고 무리도
일어나기 시작했다

정복의 알고리즘

정복은 오래전,
사탕수수밭에서 시작되었다
농부와 함께 세력을 키운 설탕은
마을로 들어와 원주민들과
안면을 트기 시작했다

한두 숟가락의 달콤함으로
식탁의 마음을 얻은 후,
음식을 타고 다닐 수 있어
계략을 세울 필요도 없었다

달콤한 줄거리에 넘어간 음식들이
쉴 새 없이 떠들고 다닌 덕에
소문이 세상으로 달달하게
녹아 들어갔기 때문이다

입맛을 맞추지 못해

타박을 받던 음식들이
시름을 놓은 것처럼
꿀벌도 뒤늦게 사신을 보내
수교를 맺더니
변방을 떠도는 날이 줄었다

일요일과 침대

일요일과 사귀고 싶었다
시간을 부풀리는 느긋한 성품을,
부풀어 오른 시간 속에서 유영하는
침대의 게으름에 편승하고 싶었다

풍랑에 일렁이는 배를 몰고
종교의 해안에 닻을 내리면
도깨비방망이 하나쯤 얻을 줄 알았는데
마취가 풀리자 조금 힘이 없었을 뿐

과수원의 과일들은 눈치 없이 예뻤고
아이들은 이 나라 저 나라로 하얗게 뛰어
일요일이 되어도 일요일은
종일 서 있고
침대도 선잠을 자서

일요일은 빨간 집에서 천 년도 넘게 살고

침대는 가만 누워 있어도
일요일과 침대는
일요일과 침대도 아니라며
종종 낯을 바꾼다

과일과 아이들이
달리고 달려
멀어지는
일요일
침대

파티

식자들은 견고한 성에 산다
성 안팎을 가로지르며
계절이 지나가자
가을이 벌판에 당도하듯
지식인들이 늘어나 세상은 세련되었다

난간에 기대 사는 화초들이
색색으로 물든 풍경을 보고
선지자들을 찾아 나섰지만
성문을 굳건히 하는 데 부합하지 않는 한
법안은 통과되지 않는다

세상은 식자들이 읽은 책과 경전만큼
사방으로 열려 있을 것이라 생각하지만
개들을 몰아 사냥을 나설 때나
성문이 열리고 고급 외투 같은 도덕은
성을 지키는 것만으로도 바쁘다

곡식들이 익으며 가을이 깊어지자
성 밖의 사람들이 늙어 가기 시작했다
식자들은 성문을 굳건히 걸어 잠그고
환한 불 밝혀 파티를 열었다

계절은
성 안팎을 가로지르며 지나가고

남용濫用

무이자로 하늘을 마구 끌어다 썼어요
소파에 앉으면 소파식으로
마당에 서면 마당식으로
백화점에 가면 백화점식으로
하늘을 무이자로 마구 끌어다 썼어요
문득 가방을 열어 보았어요
입이 터질 듯한
문득 원금도 돌려줄 수 없다는 생각이 번개처럼
심장 한가운데를 번쩍 쳤어요
이제 보니 너무 많이 즐겨 사용한 시간
가죽이 너덜너덜해졌네요
채널을 돌려 봐도 어떤 것은
수신이 원활하지 않네요
행복을 너무 섭취하면
종일 누워 천장만 바라보고 살 수도 있다지요
일방통행로에는 앞모습을 분실한 것들만
다닌다는군요

그동안의 무례를 사과드린다고 하늘로
문자 한 통 날려야겠어요
마구 끌어다 쓴 하늘
틈나는 대로 씻어 고이 다림질하여
되도록 빨리 돌려 드려야겠어요

희망

죄송하지만 좀 비켜 주실래요
지금 교신 중이거든요
회로가 방해를 받으면
상류로 흐르는 추억이 방전되어 지지직
잘 감지되지 않아요
회로를 밟힌 순간들은 호흡 곤란으로
심각한 고장을 일으켜요
고장 난 시각을 고치려면
얼마나 많은 신경과 시간을 쏟아부어야 해요
분해하여 다시 하나하나
재조립해야 할 때도 있어요

죄송하지만 그 문도 좀 열어 주실래요
지금 부활도 진행 중이거든요
사장된 과거는 무진장이에요
숨구멍이 닫히면 부활과 악수할 수 없어요
자유로에 자유 없고

광복동에 광복 없듯

태평로에도 태평은 없어요

우리가 낳아야 하거든요

죄송하지만 출산 준비 좀 해 주실래요

지금 진통이 심해졌어요

새들은 죄가 없다

　새들이 창에 머리를 박고 죽기 시작한 것은 그때부터다 새들을 사랑하던 나무들도 덩달아 죽고 맥 빠진 둥지는 쓰러졌다 가여운 새들, 죽지 마 아무리 달래도 날마다 새들은 죽어갔다

　흙이 땅을 박차고 일어서고 싶을 때는 도공을 찾아가 조용히 머리를 조아리듯 너는 초대당하지 않는 내 속의 여자를 구기지 말아야 했다 나는 그때부터 조문객 없는 장례를 날마다 치르고 죽은 새들을 위한 진혼가를 홀로 부른다

　끝이 보이지 않는 흑야黑夜에 상처는 곰팡이처럼 자라고 백주에 눌러앉아 휘파람을 불고 있는 너를 문틈으로 노려보면 부르르, 태어나지 않은 새들도 낙엽 되어 떨어진다 제발 죽지 마 채 불리어지지 않은 새들의 노래를 가슴에 묻는 것은 바싹 마른 영혼에 성냥을 긋는 것처럼 위험한 일

오늘도 종일 너를 찢고 찢고 찢어 쓰레기통에 던져 버렸지만 나는 죽도록 상관있고 너는 나와 무관하다 내가 낳은 새들은 날마다 창에 머리를 박고 죽어가고 끝이 보이지 않는 흑야, 새들은 죄가 없어도 무릎을 꿇어야 하는 너는 대낮에 살고 암흑기 구석에 태아처럼 웅크리고 있는 나는 네 죄를 혼자 으깨고 있다

노스탤지어

비둘기가 사람들이 던져 주는 먹이를 먹고 있다
산봉우리보다 왕성한 식욕
꽃들은 선명한 얼굴로 나비를 부르지만
반짝이는 별은 까마득하여
가난한 것들은 빨리 망가지거나 늙어 간다
유기견도 거리를 배회하다
헝겊 쪼가리처럼 개죽음당하기 십상이다

그런 사소한 것쯤은 부록으로도 기록하지 않는
명석하고 재빠른 두뇌를 이끌고
교황이 카퍼레이드를 하고 있다*

비둘기들이 종종거리는 길가에
교황이 뿌리는 단비 같은 사랑 평화 자비
가슴에 금이 간 사람들이
그리운 것들과 짧게 해후한 후
순결한 물의 신전을 가진 사제의 손바닥 아래로

흐르는 물이 되었으나

한 사나흘 세상을 적시던 물은 가을 하늘처럼
까마득한 별로 되돌아가고
외딴곳에 지어진 천사의 집
고양이는 전봇대 곁에서 날이 저물기를 기다리고
그리운 사랑 평화 자비
사람들은 빠르게 가물어 가고
별은 까마득한 곳에서 반짝인다

* 2014년 8월 프란치스코 교황이 한국을 방문했다.

불면

 부모님은 어렵게 그녀를 낳지 않았기에 요정을 불러 거대한 파티를 열 필요가 없었고 그래서 초대받지 못한 요정이 등장할 수 없게 되었고 저주를 걸 계기의 모티브가 주어지지 않아 마법이 통하지 않는 세상이 시작되었고 저주에 걸리지 않은 물렛가락에는 아무리 손가락이 찔려도 잠들지 않았고 그래서 입맞춤할 왕자를 기다릴 이유도 없었으니 대통령이 다스리는 나라에 살게 되었고 그 많은 영토를 가지게 된 계기가 되었고

 어젯밤에도 그녀의 불면은 영토를 확장했다 넓어진 영토는 이제 그녀와는 상관없이 더 넓은 영토를 가지려는 바람에 정밀 검진을 받기로 했다 피를 뽑고 소변을 받고 엑스선과 위내시경 MRI로 머릿속까지 훑어보았으나 위험 성분은 드러나지 않았다

 그녀는 잠들고 싶다 불면의 성주城主와 밤마다 황무지를 개간하는 것은 고독의 맨살을 만지는 것 같은 작업,

생각 같아서는 백 년 후에도 열리지 않을 엄마의 자궁문을 열고 들어가 잠자는 숲속의 공주라도 되어 태어나고 싶다 파티에 초대받지 못한 요정을 만들고 저주에 걸린 물렛가락과 깊은 잠, 달콤한 입맞춤을 가지고 올 왕자를 기다리는 행복한 꿈을 꾸며 백 년 동안이라도 그녀는 잠들고 싶다

포스트 신데렐라

자정이 되기 전에 저는 이만 돌아갈래요
반짝반짝 웃고 있는 유리구두와 예쁜 드레스

아무리 파티가 아름다워도 돌아갈래요
제게는 집안일과 또 다른 할 것들이 많아요 요즘은 원본과 달리 얼마나 편해졌다구요 밥은 하루 한 끼 맘씨 좋은 전기밥솥에 부탁하면 되고 빨래는 마당쇠같이 힘센 세탁기가 이불도 거뜬히 씻어 주고 먼지라면 두 눈 뜨고 못 보는 진공청소기가 매일매일 걷어 내니 두꺼비와 생쥐들도 오래전에 낙향하여 계모와 의붓자매들도 트집 잡을 게 없어요 자기들 생활이 바빠 하루 한 번 얼굴 보기도 어려워요

파티가 황홀하고 왕자님이 좋지만 돌아갈래요
전 지금 이대로가 좋아요 원본처럼 왕자님과 결혼도 생각지 않아요 칙칙칙 전기밥솥이 즐겁게 밥을 짓는 동안 세탁기는 빨래를 돌리고 청소기가 집 안 곳곳을 단장

한 후에 저는 딱 제 스타일인 믹스커피를 마시며 책과 음악이 준비한 마차를 타고 눈으로는 볼 수 없는 세계를 여행하죠 때론 샴푸 향과 잘 익은 포도의 까만 낭만과 외도를 즐기기도 하죠 그럴 땐 꿀벌들이 닝닝닝 가슴의 꿀을 훔쳐 가도 내버려 두죠

왕자님 절 사랑하신다면 늘 자유롭게 대해 주세요

궁궐이 부러울 때도 있지만 아침에 눈 뜨면 온몸에 와 닿는 계모와 의붓자매들의 체취가 맞춤복 같은 이곳이 저는 편안해요 왕자님에게 닻을 내리는 순간 왕자님은 왕자님이 아니에요 저는 자정 가까이 왕자님과 춤을 추고 빛나는 유리구두와 예쁜 드레스 왕자님은 언제나 왕자님으로 계셔 주세요

바이러스

당신의 프로세스에 인격과 인격의 호환을 막는 악성 바이러스가 침투하였습니다 당장 치료하지 않으면 소프트웨어는 물론 하드웨어까지 치명적 손상을 입게 됩니다 백신은 다음과 같은 순서로 다운로드할 수 있습니다

먼저 날개옷을 짜고 있는 꽃들과 소풍 가는 구름들이 들어있는 프로그램의 창을 닫고 소중한 기억들을 이동식 파일에 저장하십시오 극약 처방이 필요할 때 쓰일 추억 파일을 모조리 날려 버릴 수도 있습니다 한번 망가진 파일은 복구가 불가능합니다 기념일이나 중요한 영혼이 담긴 사진들도 같은 방법으로 저장하기를 권합니다

공간의 최적화를 위하여 심장 아이콘을 클릭하여 호흡 파일을 연 후 내장된 프로그램의 진행에 따라 숨을 깊게 들이마시고 천천히 내쉬기를 몇 차례 반복하십시오 내쉬는 동안 마음 드라이브에 돌아다니는 오래된 분노와 원망 미움같이 쓸데없는 파일들을 삭제하십시오

세포 드라이브에 있는 조각난 파일들도 깨끗이 불어 내십시오 공간을 많이 차지할 뿐만 아니라 서로 충돌하여 프로세스를 다운시키거나 CPU의 오작동을 일으키게도 합니다

  마음을 최대한 넓히십시오 공간이 넓으면 넓을수록 사랑과 평화 용서 같은 핵심 파일의 실행을 최적화하는 환경이 만들어집니다

  모든 것을 끝냈으면 다운로드 버튼을 클릭한 후 지금 바로 실행을 누르십시오 악성 바이러스에 감염되어 정지되었던 인격과 인격이 원활하게 호환될 것입니다

이중주

종이비행기 한 대 날까 말까 눈치를 본다
안과 밖 사이 하루가 저물고
안이 안에 밖이 밖에
강이 있고 산이 있고 사이가 있다

오늘 아침에는 당신과 말다툼을 하고
퇴근 후에는 피로 회복에 좋다는 콜라비와
비타민, 미네랄이 풍부한 딸기를 사러 간다

마트에는 공산품을 비롯해
맛있는 음식들이 훌륭하게 진열되어 있지
 단백질 지방 탄수화물 칼슘 듬뿍 든 멸치 철분 가득 시금치 달콤한 사탕
 내가 구매한 것들은 오늘 밤에 내가 되는 행운인지 비극인지를 겪게 된다
 아니면 당신이 될 수도 있는

입이 없었다면 고독도 태어난 곳을 떠나지 못했을 게고
시작들은 시작도 할 수 없었을 게다

안이 밖을 밖이 안을 보고 있다
왜 쳐다보니, 보지 마
안이 흥 하고 밖이 흥 하고 문을 닫는다
강도 산도 사이도 사라졌다
안도 밖도 종이비행기 한 대도 없다 아니 없었다

전철

 손잡이를 힘껏 잡고 있어야 떠밀리지 않는다 옆이나 뒤에서 계속 압박이 들어오고 앉은 자들이 눈을 감고 존재하지 않는 척해도 장비 없이 넘은 산봉이 몇 개며 식은땀 흘리며 건넌 크레바스가 몇 개던가 손잡이를 놓치면 대기권 밖으로 튕겨 나간다 외계는 꿈꾸며 다가가기에는 아득한 곳, 넘어지지 않고 밀리지 않으려면 손잡이를 꽉 잡고 견뎌야 역은 다가온다

 상상 속에는 죽은 사람도 살아 움직이지만 상상을 멈추는 순간 다시 무덤 속으로 들어가 버린다 엄마도 이젠 그렁그렁하여 흐느적거린다 엄마 혹 근처에 계세요 있으면 머리칼이라도 미세하게 흔들어 봐요 세월이 많이 흘렀네요 사랑과 영혼에는 영혼들이 가족을 만나기 위해 영매靈媒를 찾아오기도 하고 달리는 전철이나 역 주위에서도 살아가던데 엄마도 주위에서 우리를 보고 있나요

 역마다 크레바스를 품은 험준한 산봉이 있고 어떤 역은 종착역이기도 하지만 눈을 감은 얼굴들을 슬쩍 보면

사원에서 기도를 하는 사람이 보이고 비 오는 길을 우산 없이 걷는 사람도 보이는데 꽃밭을 산책하는 사람은 쉽게 보이지 않는다 아니 대체로 볼 수 없다 꽃향기가 그리우면 꽃밭에 가야 한다 죽은 사람을 떠올리듯 주름 속에 있는 산맥과 그 속에 있는 씨앗들, 손바닥에 있는 세상까지 풀어놓으면 풍경은 다차원이 되겠지

  눈을 감고 있거나 손잡이가 있어서 다행이다

도자陶瓷

　나는 수백만 년 전 잉태의 바통을 받고 왔으므로
　후생 또한 잉태의 세습을 통해 계승되거나 절멸할 것이나
　수명이 다한 숙주는 또 다른 생멸의 우주를 빚을 것이니
　농부와 도공은 흙의 영혼을 읽을 줄 아는 신통력을 타고난 사람
　조화의 염력으로 농부가 작물을 키울 때
　도공은 먼 우주의 선線과 질質로 흙을 해독하여 도발적으로 도자를 빚었다
　나는 생사로부터 왔으니 어느 지점에서 소멸할 것이나
　세사와 도공의 손을 지나 비의秘意로운 너는 생사 너머에 머물 것이니
　나무와 풀과 동물, 바람과 비와 눈의 선행先行이 동행할 것이다

장마

사랑도 오래되면 시들고 싶듯
넘치는 병자들과 사건들
너무 많은 것은 물린다, 세월아
좀 줄여 주면 안 되겠니 슬픔이 겹겹이 쌓이면
하늘도 무거워 주저앉고 싶어진다
전생과 후생을 몰라도 문제없지만
별자리가 궁금한 사람들이
접신接神하는 곳을 찾아 헤매는 사이
별이 뜨지 않는 밤하늘은 고단하여,
우산도 비 내리는 밖으로 나가는 것을 주저한다
지루하고 오랜 장마의 체온에
수목들은 표정 없이 비를 맞고
사물들은 뜻도 없이 낡거나 늙어 간다
습한 기온에 널브러진 음표를
오선지에 올려놓아도 악공의 손이 젖어
우산들은 한동안 세인의 관심에 떠다니며
세상을 관통해 갈 것 같다

제2부

풍경이 활짝 펴지듯

강정

살기 좋은 뉴질랜드
이민 갈 생각 없어라는 말에
강정마을이 떠올랐습니다
전쟁과 미사일, 미국과 중국,
환경과 오염, 진보와 보수
사람보다 언어가 더 많이 부대끼는 곳

문득문득 이민 가고 싶지요
노후까지 살핀다는 복지 정책과
맑은 공기에 빛나는 풍광
골치 아픈 것들 생각하면 솔직히
모국을 몰라라 하고 싶을 때도 있지요

구럼비가 단단히 붙들고 있던
겁의 세월이 파열음으로 사라져 갈 때
육지야 두 쪽으로만 쓸렸지만
터 잡고 살던 어패류와 해초는

느닷없이 멸종을 맞았겠지요

사제의 기도에도 산천은 과묵하여
파도는 하얗게 목이 쉬는데
갈매기를 불러 앉히며 도드라진 흉터
강정은 태초처럼 그곳에 있었답니다

밤

누구도 그릴 수 없네
당신도 색칠되지 않네
비로소 홀가분해졌네
꾹꾹 눌러 놓은
무무무무 입술을 쭈그리고
크크크크 눈을 찡그리며
눈치 보지 말고 망가져 보자
아무도 간섭 고립되지 않는
비로소 모습을 찾았네
실눈 뜬 별들쯤이야
억압받았던
호랑아 여우야 천둥아 폭풍아
마음껏 되고 싶은 것이 되어라
어디로든 유영할 수 있게 되었네
비로소 사람이 지워졌네
이름이 사라졌네
주소를 향해 가던 걸음

어둠 속에 어둠이 되었네

천지가 자유로 가득 찬

누구도 지나온 적 있는

창조 이전의 지점에 비로소 섰네

당번들

가을이 되자 나뭇잎들이 물들었다
유리창과 복도를 닦은 당번들이
곱게 색칠한 덕분이다

여름에는 더위를 향해 초록 물감을
한바탕 흩뿌린 후
그늘에서 낮잠을 잠시 잤고

겨울에는 눈도 많이 내렸다
쌓이는 눈도 당번들이 치웠다
예보 없이 닥치는 혹한처럼
문제를 일으키기도 했지만
당번들은 자기 차례를 지켰고
교실은 대체로
동면하는 개구리처럼 조용했다

밤이 되어

당번들도 잠이 들었으나
노인들의 오솔길에는
삐거덕거리며 지나는 달구지가
밤을 툭툭 쳤고

어디선가 흙 녹는 소리가 노인들을 적셨다

때맞춰 아기 울음소리가 들리고, 무대 뒤에는
예비 신입생들이 손을 호호 불며
막이 오르기를 기다리고 있었다

당번들이 일어날 때가 되었다

비 오는 날

우산들이 오랜 잠에서 깨어나
집 밖으로 나간다
견우와 직녀가 날을 정해 만나듯
비 오는 날은 우산들이
물로 타전해 오는 하늘을 수신한다

사람이 사람을 탈출하지 않고
목마른 땅과 나무와 집이 비를 부르듯
우산은 우산으로 태어나 몇몇 번
하늘과 교신한 후 다시
윤회처럼 잠이 들고
우산으로 살다 우산으로 죽는다

무한의 어디쯤에서 잠을 자다
부모가 부르는 소리를 듣고 여기
우리가 온 것처럼
비는 오르막길을 오르지 않고

왔던 길을 되돌아가지 않는다

맑은 날이 우산에겐 무용하여도
잠자는 날이 대부분인 우산은
비를 추종하여도 비처럼
내리막길을 가지 않고 잘 때는
철저히 잠을 잔다

연인들의 이야기

사랑을 시작하자
예보도 없이 눈이 내렸다

카페에는 평소보다 사람들이 많았고
춥지는 않았다

꽃을 든 남자가 횡단보도를 건너는 것을 보니
영혼의 정박지를 찾은 모양이다

눈이 그치면 개척지를 찾아 사람들은 천막을 치고
동서남북으로 길을 내겠지

창밖을 내다보려 의자들이 까치발을 한다
풍경은 복원되는 것 같지만 자리를 바꿀 뿐

달콤한 세기가 지나가고
눈이 그치면 사랑은 어떤 역에 정차할까

빛은 그늘과 동행한다고 큰소리치지만
한 번도 그늘을 앞에 세운 적 없다

포인세티아 화분을 난간에 내다 걸면
풍경이 활짝 펴지듯

풍년과 흉년이 분화되지 않은 책장의 표지를 넘기면서
사랑은 어디쯤 인류사의 한 문장을 쓸까

오해

나무를 너무 믿지 마라
패악이 한두 가지 아니다

잠자고 있던 꽃들을 불러
춤추게 하고서는
축제가 끝이 나면
무참히 추방시켜 버리니
죽은 꽃들의 곡성에
곤충의 가슴에는 천 길
낭떠러지가 생겼다

배신을 당한 게 꽃만도 아니어서
새들의 방랑벽이
언제부터 생겼는지 알 수 없으나
변덕 심한 나무들의 행태와도 무관하지 않다
새들을 타고 비상하고
바람을 시켜 잎을 불어 내며

계절을 바꿔 버리는 나무들

계절이 오고 가는 것도
열매를 부르는 나무들의 책략이다

눈치 빠른 새와 바람과 구름들이
영주하지 않기로 다짐하였듯
고단한 등을 기대러 갈 때
말없이 어깨를 내어 준다
방심하여서는 안 된다
언제 나무들이 안면을 바꿀지

검은 발자국

카메라가 보여 주는 집 안에는
숟가락 소리로 밥을 먹던
가족의 단란한 식사 한 필이 널브러져 있고
세 개의 숟가락은 더 이상 소리를 낼 수 없다는
앵커의 이야기 사이로
책꽂이에서 튕겨 나온 책들이
반쯤 타 버린 줄거리를 꼭 끌어안고 있다

애간장이 녹아내린 텔레비전은
카메라 앞에 주저앉아 넋이 나갔고
화마火魔를 피한 작은방의
창백한 모습이 텔레비전 밖으로
흘러나오고 있다

경찰과 소방관들이
곳곳을 뒤지며 수색을 하고 있지만
연기보다 빠르게 사라진 발자국만 남긴

화마는 어디서도 모습을 찾을 수 없다

뒤늦게 달려온 아침 해가
검은 발자국 난무한
집 안 곳곳을 더듬고 있다

변주, 바다를 주제로 한

바다를 몇 평씩 끊어 파는 사람들은
재미가 쏠쏠하단다
부도 난 아파트는 할인으로 수천만 원 내렸다는데
안방까지 바다가 들어오는 동호는
바다의 폭에 따라 프리미엄이 각각이란다

고깃배를 몰고 찾아오는 사람에게만
곳간 문을 열어 주는 게 아닌 바다의 속을
그들은 무슨 수로 알아냈을까
고기잡이배 한 척 없이도
바다를 이리저리 재어 보는 사람들

몸값을 부풀린 바다는
부유한 거실 소파에 앉아
차를 마시고 이제
조망 막힌 집으로는 마실도 가지 않는다는데
바다가 벌어들인 재화에 대해서는

서로 간에 묻지 않는 묵계가 있단다

해변의 찔레꽃

수평선에서 핀 찔레꽃들이 하얗게 웃으며
해변으로 달려와요
동면에서 깨어난 권태들이
은파처럼 웃는 소리에
그대가 기르는 노래들이
해변의 하늘을 날아다녀요
찔레꽃들이 지평으로 달려오는 동안
우리는 쉼 없이 그곳으로 꿈을 뿌려요
웃음에 사는 노래와
울음에 사는 노래가 두 손 마주 잡고
도착하지 않은 미래를 빚고 있는 사이
태어나지 않은 신생아들의 암호를
해독할 문자는 창조 이전의 탄광 속에 묻혀 있어요
원시의 지령을 받고 나는 새들은 당분간
진화를 보류해 두었대요
일 학년 교실 같은 해변에선
자물쇠를 열지 않아도 갈매기와 해후할 수 있죠

그대가 사제私製로 만든 별들이 보세요

찔레꽃들에겐 무용지물이에요

어느 누구도 해변을 예약할 수 없어요

찔레꽃들은 끝없이 지평으로 이주해 오고

우리는 종이 나비에 숨결을 불어 넣을 수 없어요

동거

그녀가 유별나게 고양이를 환대하는 게 이해되지 않듯
고양이는 그녀와 나의 색깔을 확연히 구분하고
우리는 한 울타리 안에 산다

상대에 따라 건기와 우기를 작동시키는 눈빛이 기분 나쁘지만 나를 방어하는 건기에는 스파이크를 일으키는 괴력도 있어 녀석이 그늘로 먼저 제 모습을 끌고 간다 그늘은 그림자를 키우지 않으니 많은 것을 지어낼 수 있는 풍요로운 녀석이 미심쩍어 가까워질 수 있는 가능을 한 개 더 잃는다

허락도 없이 내 집 마당을 사용하면서
보이지 않는 내 눈 속의 번개를 읽는 고양이

맑은 날에도 녀석에게 번개를 내리꽂을 수 있는 나는 신이다 그러나 샤먼을 부리지 못하는 신은 처량하고 신의 의사를 주도하지 않는 샤먼도 무능하듯 나의 번개와

천둥을 방울처럼 가지고 노는 고양이

  그녀 앞에서 발라당 드러누워 뒹구는 것이나 나를 볼 때마다 방어선을 치고 달아나는 것이나 앞뒤가 똑같은 비굴일 뿐 한 울타리 안에 살아가고 있다고 사랑이 영원하리라 믿는 것은 오해다 원수로 지내는 애증은 부모가 같지만 사실을 인정하지 않는다

분홍

외투를 벗자 손을 내밀며 봄이
분홍을 소개해 주었다
나는 시골 태생이라
진달래가 가르쳐 준 분홍을 이미 알고 있었지만
처음처럼 인사를 주고받았다

지난겨울에는 크레파스를 잃어버려
아무 그림도 그릴 수 없는 시린 손발이
도화지를 슬프게 하였는데
춥다는 핑계로 문구점에는 가지 않아
그림으로 가던 도화지가 길을 잃어버리기도 했다
그 바람에 풍경은
무채색을 빠져나가기 위한 바람과의 언쟁에
남은 잎들마저 모두 잃어버렸고
나는 도화지의 기억을 되찾기 위해
분홍을 직접 찾아 나서려다
곱디고운 그 생각을 신발장에 도로 넣은 적도 있었다

그때 만났더라면 오래전 친구가 되었겠지만

지금도 늦지 않았다며

분홍이 내미는 손

겨울이 끝남을 직감했다

필요하지 않은

버리기도 남 주기도 뭐한
당신이 내게 왔기에
맛있게 요리해서 먹기로 했어요
양껏 먹었는데도 남아
오늘은 기름 두른 프라이팬에
고소한 달달달 볶고 또 볶아
동네 회관으로 가서
나눠 먹었죠

점 십 원 화투로
범람하는 시간을 막느라
고군분투하던 노인들이
맛있어서 맛있다
인사치레로 맛있다는지 모르겠지만
그릇을 비워 주어서 다행이었어요

덕분에 숨통이 트고 당신이 쑥 줄었지만

내일은 어떻게 요리해 먹어야 할지 모르겠어요
오래 두면 부패가
까마귀 떼처럼 날아오를 것이니
코를 막기 전에 양도 많은 당신
채 썰어 무쳐 먹든지
뭉근히 고아 국물을 마시든지
내일은 해야겠어요

자리를 독차지한 당신 때문에
비좁은 가슴이
열을 올리기 시작했어요
하루라도 빨리 당신을
먹어 치워 버려야겠어요

겨울 이야기

단풍은 절판되었다
인쇄소는 파산선고를 하였고
문방구는 오래전 이사를 가서
크레파스를 구하기도 힘들게 되었다
방학을 맞은 아이들이
동화책을 찾아 서가를 서성이지만
나무들은 백 년은 열리지 않을 태세여서
너무 늦게 도착한 길손아
그대가 애타게 두드려도
성문은 열리지 않을 것이니
화관을 쓰고 향낭을 목에 건
공주는 만나지 못할 것이네
우리가 깜빡한 어린 새들은
북쪽 담벼락에 기대 있으나
북쪽은 햇빛이 당도하기에 너무 멀어
사람들은 성문 앞에 모여
단풍의 복간을 기다려 보지만

목피木皮의 비문秘文을 해독할
현자는 나타나지 않고
행장 꾸리는 별들만 분주하다
몇 명의 의인이 있어야 성문을 열 수 있을지,
어두워질수록 강은 빠르게 얼어붙고
경전을 많이 읽은 자일수록
성문이 열리는 것을 달가워하지 않는다

정동진에서

바다가 안을 들여다보는 방
불이 꺼진 것을 본
멀리서 서성대던 파도 소리가
문을 밀고 들어와
무어라 속삭이기 시작했다
어족魚族들이 사용하는 언어는
이해하기가 쉽지 않았는데
가까스로 알아들은 뜻은
함께 가자는 것이었다
별나라와 이어진 출렁다리가 있는 그곳의 이야기는
이민을 꿈꾼 적 있는 귀를 솔깃하게 하였기에
소리 없이 일어나 앉았지만
쉽게 대답을 할 수가 없었다
말미를 주면 기별을 하겠노라 돌려보낸 후
누웠다 앉았다 밤새 생각해 보았지만
무릎이 저려 수시로 앉을 자리를 찾는 꿈
아무래도 힘들 것 같다

갈매기 편에 기별을 넣었다

그때 파도를 따라갔더라면
양들을 몰아 노을로 가는
목동이 되어 어느 별에서 살고 있었을는지

나무들에겐 국경이 없다

우리에겐 혈통과 계보가 궁금하지만
나무들은 개의치 않는다
누구든, 어디서건 원하면 달려가
햇살을 수유하는 태양
덕분에 우리는 애써 원치 않아도
온갖 종류의 꽃을 볼 수 있고
시간의 어느 가지에선 잘 익은
과실의 둥근 생애도 찾을 수 있다
새들이 힘차게 날아올라 동서남북 하늘을 나누고
우리가 땀 흘린 노동의 대가로
지구의 아침이 오는 것 같지만
특별시나 광역시민처럼 도회에서도
나무들이 굳이 주소를 갖고 사는 것은
국가와 이념 때문이 아니다
우리가 속과 종을 나누고, 혈통과 계보를 분류하고
지구를 국가로 나누어 안도의 가옥을 마련하였으나
비명에 죽어가는 이의 눈동자와

유령 같은 기아가 번득이는 도처到處
국가와 이념과 혈통을 나눈 덕분에
우리는 잠시 아파하다 모른 체하지만
나무들은 제대로 서 있기도 미안해
작은 바람에도 온몸을 떠는 것이다

제3부

동심원을 그리는

꿈 이야기

지난밤 꿈이었어요
꿈속에서 당신은 한 번도 본 적 없는
낯선 얼굴이었어요
그러나 당신이 전혀 낯설지가 않았고
평소처럼 분명 모국어로 이야기를 하고 있었지만
알아들을 수가 없었어요
잘 들리게 하려 고함을 질렀으나
소리는 나오지 않고 입만 벙긋거려졌어요
답답해서 슈퍼맨 같은 자세로
허공을 가르며 슝슝 날아갔어요
공중을 나는 꿈은 키가 크려고 그런다는
이야기를 꿈속에서도 떠올렸어요
생각하면서 날아간 곳이
당신이 서 있던 그 자리였어요
당신은 또 다른 낯선 얼굴을 하고 있었어요
얼굴만 남아 죽은 채로
쟁반에 담겨 나왔어요

그런데도 당신이 전혀 낯설지가 않았어요
너무나 당연히 당신을 알아볼 수 있었어요
죽은 당신의 머리가 말했어요
어떤 말은 들리고 어떤 말은 들리지 않았어요
그러나 우린 전혀 낯설게 느끼지 않았어요

봄

밤마다 사내는
여자의 배 위에 다리를 척 올려
숨길을 답답하게 눌러 댔다
3월이 전진기어를 넣기 시작하자
여자도 용기를 내어
남자의 다리를 확 걷어차 버렸다
반란이 시작되었다

둥글둥글한 성격을 가진 양파들이
속으로 열을 삭이던 마늘들이
입 다물고 살던 고구마들이
고요와 적막을 뚫고 나와
사방으로 메시지를 전송하며
반란을 주동한다
몸이 근질근질한 음표들도
오선지를 뛰쳐나와
아무 데나 주저앉아 엉덩이 들썩거리며

노래를 불러 댄다

푸른 바다, 반란의 쓰나미다

걷잡을 수 없는 환희의 파도가 밀려온다

가만히 있는 것은 하나도 없다

조수미도 카라얀도

속수무책이다

닥터 도티*의 마술

어제는 책을 읽으며 행복했습니다
알코올중독에 걸린 아버지와 우울증 앓는 엄마
툭하면 방에 틀어박혀 우는 형을 가진 도티가
마술로 선한 삶을 찾은 이야기였습니다

가짜 손가락으로 하는 마술을 배우는 것이
어린 도티에게는 쉽지 않았지만
세월이 흐를수록 진짜 마술은 더 어려워
만취한 아버지 얼굴에 주먹을 날려 눈물을 쏟고
진심을 담은 이야기로 의대에 합격했습니다

그사이 아버지는 객지에서 돌아가시고
엄마는 오랜 폭력에 떨었으면서도
아버지는 좋은 사람이었다고 이야기했지만
형마저 에이즈로 가족의 곁을 떠났습니다
마술을 잘할 수 있는 방법을 찾아 헤매었으나
부족한 학비 때문에 점점 더 어려워졌고

돈을 버는 것이 마술의 완성이라 생각했습니다

마침내 의사가 된 도티는
처음부터 다시 공부했습니다
예전처럼 어려웠지만
가난하고 낯선 어린 도티에게
루스**가 가르쳐 준 마술은
연민으로 동심원을 그리는 것임을 밝혀내며
마침내 마술을 완성하는 이야기였습니다

* 『삶을 바꾸는 마술가게』의 지은이.
** 위 작품에 나오는 인물.

조문

죽는 게 무섭지 않느냐 물었지
엄마의 엄마와 아버지, 할머니와 할아버지
아빠의 아빠와 엄마, 할아버지와 할머니가 계신 곳
무섭지 않은 것은 아니지만

그곳이 싫다고 돌아온 사람을 본 적 없고
어제는 오랫동안 치매를 앓던 친구 엄마가 죽어
조문을 하러 갔는데
혈육의 죽음 앞에 세상 어느 한 곳이 성하랴만
죽은 이도 남은 가족도
오랜 표류 끝에 찾아든 포구,
작은 배의 휴식 같은 얼굴들이어서
마음이 조금은 가벼워지더구나

사람은
가을 침대에 가서 몸을 벗는 게 예법이지만
유별난 사람은 기다리지 않고 몸을 벗으니

혼자 남게 되는 신발과 우산

식탁의 빈자리는 얼마나 어처구니가 없겠니

죽음이 애써 무서운 것은 아니라 해도

갑자기 시력을 잃어버린 사자死者를 위해

조등을 내다 걸고

길 밝혀 마지막 배웅을 하는 거란다

전화

메주가 도착했다
흰 곰팡이가 알맞게 피어 있는
올 한 해가 잘 빚은 항아리처럼 구수하겠다
전화를 해야지
신호가 가고 당신은 받지 않는다

흐르는 물에 깨끗이 씻고 눅눅해진 메주를 결대로 쪼갠다
두 노인네가 누른 거친 힘이 숨결처럼 그려져 있다
당신이 가르쳐 준 대로 쪼갠 메주, 속에 핀 곰팡이도 씻어야 하는 건지
전화를 해 봐야지
신호가 간다

신호가 간다 잘 익은 메주, 세상을 다 가진 기분에
집 안을 가득 메우고도 남아도는 냄새는 세상으로 번져 나가는데

당신은 전화를 받지 않는다

별일 없을 거야, 속에 핀 곰팡이도 씻어 밖으로 나가니
햇살이 환한 얼굴로 다가와 훈수를 둔다

저녁에 당신의 전화를 받았다
덕분에 맛있는 장 먹을 수 있게 해 줘 고맙다 했다

덕분에 좋은 국산 메주를 구해 고맙다는 인사와 당신 방식대로 쪼갠 메주는 속에 핀
곰팡이도 씻어야 하는 건지 묻기 위한 전화는 몇 시간 뒤로 밀려나면서
단답형 안부로 바뀌었던 것이다

말랑함을 위하여

사각형을 버린다
동그라미도 버린다
텔레비전 드라마에 분노하며 눈물 흘리고
일기예보로 도착하지 않은 내일과 모레의 체온을 재 보는 밤
아직 외출하지 않은 내일의 외출은 아무 일 없으니
생선회가 몸에 좋다며 막무가내 강요하지는 마시길
대파의 흰 뿌리를 구워 먹는 것을 좋아하는 사람도 있듯
스파게티 피자 족발 된장찌개
각자의 유전인자에 근접한 기호를 따르도록 내버려두시길
오늘 입고 있는 투피스가 물리면 내일
머리를 짧게 자르고 히피풍으로 집을 나서 보는 것도
그만의 비법, 공부가 적성이 아니라는 아이의 말에
버려지고 있는 사각형이 동그라미가 혀를 찬다고
다시 웅덩이를 팔지 말지 궁리하지 마시길

아이들은 지극히 말랑말랑하고

겨울에도 반소매 옷을 입고 여름에도 부츠를 신는다

마르거나 젖은 성격을 지닌 내일이 차례를 기다리고 있을 뿐

잎을 벗은 나무가 부끄러워 얼굴을 가리지 않듯

사각형을 버리고

동그라미도 버리는 하얀 종이들

손전등 하나 없는 밤이 먼

산맥을 넘어가고 있는 고요한 소리

비

비를 타고 물고기들이 내려오고 있어요
물고기 따라 하늘도 하강하고 있어요
첨벙첨벙 장화를 신고 사람들이
저것 보세요 하늘 속을 한가로이 걸어 다니네요
별들이 하수구로 흘러들어요
달님도 흘러들어요
하지만 문제없어요 이내
넓은 세상으로 나가 반짝일 거니까요
물고기 따라 하강한 하늘이
지상의 가장 낮은 곳에 저리
임하고 있네요
가슴이 가문 사람들이 신변을
구름처럼 풀어놓느라 온몸이 다 젖었네요
외할머니 같기도 한
그래서 구름은 인간적이에요
가끔 시커먼 화를 낼 때도 있지만
유유자적하고 정이 많은 게 본성이죠

저기요, 가만히 귀 기울여 보세요
세상 가장 어두운 곳의 뿌리들
천기에 몸 씻는 소리 들려요
후훗, 세상은 곧 만삭이 되고
나무들은 가지마다 태양을 달 거예요
비가 그치면 하늘은
걱정하지 마세요
햇빛을 물고 오르는 물고기를 잡아타고
천상으로 돌아가니까요

무지개

땅에 마음을 두지 않는 사람은
하늘에 둥근 씨를 뿌린다
금 그어 경계를 표시하지 않는 하늘에는
누구든 파종할 수 있으니

천둥과 번개 사이,
하늘을 가꾸는 사람들의 가슴은
흡월吸月한 임부의 배처럼 부풀어
그믐밤에도 천 리를 밝히는 등을 만드는데
사막의 별이 눈앞에 있듯
먼 곳까지 빛을 펼친다

사람들이 땅따먹기 놀이로
세월 가는 줄 모르는 사이
하늘에서 지순으로 자란 싹은
구름이 되고 별이 되고
더러는 무지개가 되어

하늘을 오가는 다리를 놓는다

무지개가 서는 날,
사람들은 하늘로 오르고
어른들은 아이가 된다

학구적 인간

최고학부를 졸업하고
공부도 했노라
하이데거니
키에르케고르니
머리에서 박식을 꺼내다가
마당 가에 묶여 사는
잡종 강아지 똥 한 무더기에
코를 막고 기겁을 한다
슈바이처를 읽고
양장본 슬픈 열대*를
밑줄 그어 가며 읽기도 하였지만
베란다 화분
그 작은 소국小國의
절규를 듣지 못해
올해도 관음죽과 행운목이
죽어 나갔다
남아 있는 군자란과 산세베리아

할 수 있는 것이라곤
빈 화분을 치우는 것
화분을 씻어 창고에 넣으며
현상학은 어디에 접목하고
포스트모더니즘은 또
어느 옷걸이에 걸어야 하나
사방을 둘러보는 순간

* 레비-스트로스의 저서.

언어 사용에 관한 몇 가지 지침

당신이 사용할 언어를 듣는 이에게
안전하게 도착하도록 돕는 몇 가지 지침입니다
발화 중, 예기치 못한 오해의 돌멩이나
급경사의 왜곡들을 만나는 돌발 사태가
일어날 수도 있으니, 종류를 파악하여
의미 변질이 되지 않게 발효시킨 뒤
최적의 상태를 유지하는 언로言路를 찾기 바랍니다
엔진을 예열시켜 출발하는 자동차보다 **빠르게**
상대의 귀에 언어를 부릴 수 있지만
어딘지 모를 언어의 골짜기에는
해독제를 구하기 힘든 맹독이 숨어 있기에
빛의 속도로 달리던 수목들이 기어를 중립에 두고
차분한 비의 손끝을 빌려 편지를 쓰듯,
발화의 리듬과 경로에 신중을 기해야
맹독성을 휘발시킬 수 있습니다
꽃과 나비가 혼신으로 피워 올린 언어를
세상으로 퍼 나를 때는

태양의 건조체에 메마른 가슴들이
수목의 사연을 읽고 텅 빈
물탱크를 채우는 박자로 가야 하듯
언어의 맹독에 감염된 심장
곤두박질쳐진 마음을 끌어올릴 때는
무엇보다 빨리 상처를 다스려야
후유증과 흉터를 최대한 줄일 수 있습니다
다양한 표정과 시공을 가진 언어들
발화 전, 종류와 성향을 확인한 후
맹독성을 휘발시킬 안전한
경로를 찾으시기 바랍니다

포맷

기운이 떨어지면 배터리를 충전시켜
노래하고 춤을 췄다, 덕분에
잠자리 날개같이 가벼운 홀씨들은
바람을 잡아타고 천마처럼 날아갔는데
손바닥 비비며 까치발을 하고 내다봐도
옛날로 간 사람 다시 오지 않듯
나팔 소리 울리며 천마들은 돌아오지 않았다

구름과 연어가
허공에 집을 짓고 알을 낳아 계곡에
무료를 걷어 내는 새를 숲으로 불러 모았지만

간간이 찾아오는 풍문 따라
까치발로 동구를 내다봐도
나팔 소리 울리며 천마들은 돌아오지 않아
배터리의 혈압이 급강하고
경고등에 불이 들어왔다

경고를 따라, 필요하지 않은
'좌절'과 '슬픔', '낙심'과 '우울', '희망'도
제자리가 아닌 것은

ㅈ ㅈ ㄹ ㅅ ㄹ ㅍ ㅁ ㄴ ㄱ ㅅ ㅁ ㅇ ㅇ ㅇ ㄹ ㅎ ㅁ ㅇ
ㅗ ㅏ ㅓ ㅡ ㅡ ㅏ ㅣ ㅜ ㅜ ㅡ ㅣ ㅏ

자음과 모음을 분리한 후 다시

ㅈ ㄹ ㅅ ㅍ ㅁ ㄴ ㄱ ㅅ ㅇ ㅎ
ㅗ ㅏ ㅓ ㅡ ㅣ ㅜ

같은 것은 같은 것끼리 모아
다른 버릴 것과 함께 휴지통에 버렸다

선운사 동백꽃

먼 길이었습니다

살과 뼈
아낌없이
보시하고

육탈한 선혈
하수로 흘러

풍진을 털어 내는
둥근 목탁 소리

명부冥府의 문을 두드리니

살과 뼈 육신의
멀고 멀었던 길

극락왕생 준비한

소 떼들 영혼

붉게 모여

있었습니다

보름달

그곳에 가면 보름달을 살 수 있지만
늦잠을 자면 살 수 없다
오전 여섯 시가 되면 문이 닫히기 때문이다
천지를 환히 비추는 보름달
그 품에 안겨 보지 않은 사람이 있을까마는
닫힌 문 앞에서 보름달을 사지 못해
그리움을 보듬고 돌아간 사람들은
오늘은 일찍 잠자리에 들겠다 다짐하지 싶다

새벽은 누구에게나 초면으로 오지만
어둠을 지나지 않은 태양이 없듯
자정 무렵 일어난 늙은 가마솥은
보름달로 태어날 반죽을 위해
생밀의 비릿함을 튀겨 버릴
벌써 기름을 뜨겁게 끓여 놓았다

옛날의 이목구비를 발효시킨

방금 빚은 보름달 같은 도넛
늙은 가마솥이 마지막 힘을 모으니
마침내 전설처럼 하나둘 떠올라
문밖에 늘어선 사람들
차례대로 불러들인다*

---

* 〈6시 내 고향〉에 소개된 도넛 가게, 새벽 여섯 시까지만 판매
한다.

낯익은 바람에게

바람은 수시로 삶에 끼어들어 간섭을 한다
행복은 손을 뻗으면 잡힐 듯 반짝이나
안개처럼 잡히지 않고
바람이 거칠게 부는 날에는
유리창을 흔드는 회오리 흙먼지에
눈을 뜨지 못할 때도 있다
몸살을 심하게 앓거나
육친과 사별하던 때가 아니고는
같은 시간에 부활하여
출근하고 퇴근을 한다
모난 바람을 두드려 깎고 다듬는 사이
실직의 세월은 길지 않았지만
바람은 쉽게 손을 내밀지 않았고
삼겹살과 소주 한 병에 인간적 면모를 보여도
쉽게 정 주지 않는
툭하면 시비를 거는 바람아
이젠 속내를 보일 때도 되지 않았니

제4부

물은 영원으로 흘러간다

프로메테우스

코카서스 산정의 프로메테우스처럼
여자의 날들은 간이 뜯기고 다시 살이 돋아났다
밤낮과 창공을 잊은 독수리는
간만 먹고 사는 게 아니라
얼굴이며 팔과 다리뼈까지 쪼아 대는 습성이 있어
여자의 세월은 수시로 멍이 들거나 다리를 절었다
광기로 퍼드덕거릴 때는
볼일 있어 나온 사람처럼 동네 어귀를 서성거리거나
아이들이 뛰어노는 놀이터 그네
두려운 시간을 태우고 달래기도 했지만
먼 하늘에 뜬 별처럼 찜질방에서
집으로 가지 않는 날도 있다
신탁을 문 비둘기가 날아들
작은 창조차 없는 삶이 놓여 있는 집
그물을 가진 경찰이 몇 번 다녀갔으나
어떤 그물로도 독수리는 잡히지 않았다
주술에 걸린 듯 날마다 간이 뜯기고 돋아나는 곳

빈혈에 걸린 여자의 세월이 밤을 잃은 낮달처럼
창백한 쪽으로 기울고 있다

새들은 날아가지 않았지만

하루가 저물었다
살날이 또 하루 줄었다
볕이 잘 드는 남향집을 장만하고
먹고 입는 걱정 덜었으니
성실히 살았다

같은 마을에서
종일 햇볕 한 장 들지 않는 집을 본다
꽃과 나무들이 찾지 않는 그늘에는 새집이 없고
새들이 살지 않는 곳의 문제는
태양과 절교를 선언해 버리는 경우가
종종 생긴다는 것이다

양지를 선호하는 꽃과 나무들에
눈이 먼 나침반들이 빛을 굴절시켜
그늘을 더 키워버리지만
모르는 사람들은 벌과 나비에

책임을 전가하기도 한다

오늘도 하루가 저물어 살날이 줄었지만
햇볕 한 장 들지 않는 집들이 있는 쪽
새가슴을 가진 새들은 날아가지 않았지만
태양은 종일 볕을 퍼 날라보고 있다

냇가에서

바빌론 강가에서 목 놓아 운 슬라브족 노예처럼
흐르는 냇가에 앉아
때 묻은 그늘을 흔들어 씻는다
미루나무 위 흰 구름들이
세상을 읽는 은비늘 반짝이는 시냇가
계곡을 건너온 물은
개인과 사회와 국가를 지나 역사로 흘러간다

한때 거대한 탁류로 흘렀던
식민지와 전쟁과 이데올로기와 혁명과 민주주의
측량할 수 없는 비극을 지급하였지만
외딴 행성에서 살아가는 사람들의 녹슨 대문

사지를 통과한 부모와 부모의 부모를 선발대로 태어난 나는
부모에겐 실화實話를 나에겐 옛이야기를 만들고 있지만

잔잔한 선율이 흐르는 냇가에 앉아
그늘을 헹구며 세상을 읽는
미루나무 위 구름에 귀 기울이면
시대를 지나온 물은 영원으로 흘러간다

나귀를 찾아서

전지가위에 잘린 나뭇가지들이
마당 한쪽에서 미라가 되어가듯
죽음을 선고받은 우리는
집행유예 중에 있다

자동차를 타고 빠르게 달리면서,
맛있는 생을 차리고 싶으면서도,
가급적 우리는 나귀를 타고
형기刑期를 지나가고 싶은데

나귀의 길 산화된 지 오래전
고향에 가도 나귀를 수소문할 수 없으니
풍채 좋은 미루나무 아래 신작로
나귀조차 타지 않고 형기를 마친 죄수들은
기록으로 살아 지그시 우리를 바라본다

유예된 만큼의 태양을

무기한 예탁해 두고 싶은
어떡하든 형기를 지나가야 할 우리는
수많은 바람들에게 물어서라도
느릿느릿
우리를 태우고 갈 나귀를 찾아
길이란 길은 다 가 보고 싶다

봄 이야기

배추벌레들이 살던 그 마을은
시간이 지나면서
나비 마을로 변했다지요
나비가 업고 온 봄을 얻어 타고
한기寒氣의 잔해들은
하늘로 승천한다는데요
그 사이
유채꽃들이 이사 와
노란 이삿짐을 푼다지요

꽃들의 영혼이
각지지도 동그랗지도 않아
아름다운
그 마을에서는
지렁이들도 웃고 산다는데
덩달아 감자꽃도 웃음보가 터져
하얀 웃음이 사방으로

번져 나간다지요

미래를 저축하는
은행도 없고
팔을 벌리면
나비의 춤이 으뜸인
그 마을에는 지금
집들이다 환영회다
온통 축제가 열렸다지요

늑대

보름달이 뜨지 않아도
원하기만 하면 늑대가 되는
21세기 나자리노*는
하늘을 향해 울부짖지도
고뇌하지도
시공을 가리지도 않는다
변신도 하지 않고 심지어 대낮에도
동족의 생살을
물어뜯기도 하는데
포효도 없고 상처만 깊게 남는다

보름달이 뜨지 않아도
늑대가 되지 않고도 늑대가 되는
21세기 나자리노는
도회를 자유롭게 배회하는데

전설의 계율을 파괴해 버린

21세기 나자리노는
미소를 짓고 있는
그대다
나다

* 아르헨티나 전설을 소재로 한 영화 〈나자리노〉의 주인공으로
  보름달이 뜨면 늑대로 변한다.

융통성이 없다구요

융통성이 없다구요
집에서회사로회사에서집으로
지겨운 반복만 한다구요
서연정에 해가 뜨면 평강에도 꽃이 피듯
내게도 어디든 갈 수 있는
운전대가 있어요
문제는 경음기와 브레이크예요
얼마나 잔소리가 심한지
나도 백팔십도 변신을 시도해 보기도 하지만
무모한 짓 하지 말라 빠방빵거리며
브레이크가
살아온 날들과 살아갈 날들을
왈칵 쏟아 버리겠다는데
살아온 날들 속에는 사랑하는 사람이 있어요
살아갈 날들 속에도 사랑하는 사람이 있어요
오곡밥처럼 잘 어우러져
서로를 떠먹을 수 있는

방향지시등을 쉽게 바꿀 수 있겠어요
빗물을 쓸어내리는
윈도 브러시와 전조등
감기가 들면 목을 씻어 주는
안개등도 있어요
잘 직조된 세상에
맛있는 가족이 되어
서로서로 떠먹고 살면서
집에서 회사로 회사에서 집으로

신호등

어제처럼 맑은 날이었네
사람들이 인도를 오고 가는
평범한 날이었네
할머니는 신호등 근처 도로가
땅콩과 푸성귀를 팔고 계셨네
비둘기 두 마리
삼성전자 서비스센터 간판에 앉아 있다
할머니 몰래 땅콩 몇 알 훔쳐 먹고
후루룩 간판 위로 올라갔네
햇볕은 할머니를 쓰다듬고
행인들을 쓰다듬고
간판들을 쓰다듬으며 반짝이고
전봇대는 시치미를 떼고 있었네
쉬지 않는 할머니는 푸성귀를
손질하고 계셨네
땅콩이 고소한 눈짓을 하자
비둘기 두 마리

다시 땅콩을 훔쳐 먹고
할머니 주위를 뜰 생각을 않았네
사람들은 할머니와 비둘기를 지나
갈 길을 갔으나 아무 일도 일어나지 않았네
그러나 세 눈동자의 신호등은
모든 것을 알고 있다네

마왕

정신없이 갈증이 일던 날
햇빛을 벌컥벌컥 마시고
머리를 식히려 인터넷 창을 열었네
새소리 들리는
제비꽃 청아한 팝업창이 뜨고
화면은 숲으로 걸어 들어갔네
어느 지점에 이르자 숲은 신분을 요구했고
주민번호를 입력하자
화면은 숲으로 더 깊이깊이 들어갔네
숲이 뿜어내는 피톤치드
갑자기 졸음이 몰려오고 눈앞에
수백 수천 년은 잡아먹었을
거목들의 집성촌이 나타났네
종자從者들이 들고 나는 솟을대문 아래
이삭을 줍는 타성바지 풀들,
거대한 산소를 들이마시고 사는
아흔아홉 간에 사는

마왕을 보고 말았네

순간 강제추방 팝업이 뜨면서
화면은 다운되었네
더 이상 숲을 클릭할 수 없었네

사인死因

그즈음 실종된 아이들에 대해
별의별 얘기가 다 나돌았다
어디에서 아이들을 보았다는 둥
장기 밀매꾼에 끌려갔다는 둥
황사처럼 소문은 마을을 뒤덮었는데

소문과 달리 몇 달 후
하루 간격으로 아이들은 강가에서
미처 살지 못한 그들의 미래와 함께
사체死體로 발견되었다

사람들은 세상이 왜 이리 흉흉하냐
놀란 가슴을 뒤숭숭 쓸어내렸고
사인이 명백하게 밝혀지지 않은 채
장례가 진행되었다

마을에는 또 한동안 사인에 대해

추측들이 우후죽순 우거지더니
세상일이 그렇듯 낡은 시간과 함께
고삐 풀린 망아지처럼 사라져 갔다

끝내 사인은 밝혀지지 않았고
시간이 흐르며 아이들은
망각으로 흘러갔다

낮달

잠을 찾지 못한 꿈이
창백하게
방치되어 있다
아무렇게나 짠 연고 같은 흰 구름이
장례 행렬처럼 지나가고
잠의 행방은 묘연하다

여보세요
저 좀 도와주세요
전 길 잃은 꿈이랍니다
아니 어쩌면 유기된 것인지도 모르겠어요
잠은 번지를 갖고 있지 않아 주소도 없어요
꿈을 품은 생은 살아 꿈틀거리지만
설계 없는 집처럼
꿈이 비어 있는 잠은 위태위태하여
보세요 구름도 상복 입은 상주처럼
어쩔 줄 몰라 하지 않나요

잠을 찾지 못한 꿈이
창백하다 못해 하얗게 질려
사방을 헤매고 있다

잠은 행방이 묘연하고

뿌리

나무가 태양을 씹어 먹고 있다
바람이 불면
바람마저 잡고 흔들어 댄다
온몸을 휘둘린 바람이 비틀거린다

나무가 흘린 햇빛 부스러기들이
잘린 도마뱀 꼬리처럼
은빛 세포분열을 시작한다

나무가 아무리 씹어 먹어도
홍수가 일어
세상 한쪽이 무너져 내려
수몰을 당해도 태양은
나무를 잡고 일어나
동쪽을 딛고
다시 솟아오른다

믿을 수 없는 건
바람의 방랑벽
몸서리치게 견고한 건
세상의 뿌리

나무가 태양을 잡아먹어도
얼마나 많은 것들을
보듬고 있는가

꿈쩍도 하지 않는 오늘을 보라!

문

문은 보내고 맞는 것에
익숙하다
한 번도
문밖을 나가 본 적은 없지만

세상 이야기는
문을 열고 들어와
휘발유 냄새처럼
문을 나서면
얼마쯤 후에 사라져 버린다

세월이 오고 가듯
사람 또한 오고 가는 속성을
가지고 있다는 것을
문은 알고 있기에
가슴을 쓸어내리지 않는다

때가 되면
밤하늘 수많은 별에
누군가 등을 달 듯
문을 여닫지 않으면
누구도
가지도 오지도 못한다는 것을

한 번도 문밖을 나가 본 적은 없지만
문은 알고 있기에
보내고 맞이하는 것에
태연하다

내가 만나러 가는 사람은

내가 만나러 가는 사람은
머잖아 머리가 희끗희끗하여
노교수로 불릴 E교수다
그는 정문을 조금 지나면
대학 본관 건물이나 그 바로 옆 건물에는 없다
후문에서 가까운 E교수의 연구실은
산자락에 터 잡은 학교 맨 꼭대기 건물
D동 5층에 있다 그곳에서
오는 여자 마다하지 않고 가는 여자 잡지 않는다는 농을
웃고 사는 E교수의 연구실에는
사방에 책들이 꽂혀있고 쌓여 있고
의자에도 앉아 있는데
사람들은 E교수가 그들로부터
질 좋은 양식을 얻는 줄 알고 있으나
실은 날마다 살과 영혼을 배고픈
책들에게 나누어 주는 바람에

체구가 더 작아져 버렸다

한번은 대학원생 C의 남편이

해외 출장 갔다는 가사家事를 듣고

안부를 묻는 바람에

C와 그런 은밀한 사이였냐며

동료 교수로 하여금 농을 하게 하는 E교수는

연구실 문을 열고 들어온 사람의 이야기는

하찮은 에피소드라도 부스러기 하나

흘리지 않고 청각의 촉수로 빨아들이는데

도수 높은 안경, 노트를 끼고 강의를 하러 갈 땐

영락없이 학자다

땀이 촉촉이 나는 언덕을 오르고 올라

내가 만나러 가는 사람은

머잖아 머리가 희끗희끗해지고

정년을 맞을 E교수다

해설

응시와 환대, 아이러니한 세계를 넘어서는 언어의 지도

- 김혜강의 시 세계

정훈(문학평론가)

신화나 동화의 세계에서 행복했던 때가 있었다. 인간의 유년 시절은 '자연'이라는 숭고하고도 두려운 대상을 마주하면서 그 생경하면서도 낯선 풍경을 자신의 삶에 각인시키는 과정이었다. 낯선 대상을 낯익게 하기 위해 인간이 경험했던 모든 생명 활동은 인간이라는 종(種)을 단련하고 더욱 높은 수준으로 고양하는 수단이자 과정이었다. 오늘날 4차 산업혁명 시대를 지나고 있는 때에도 그러한 과정은 사라지지 않고 진행되고 있다고 보아야 할 것이다. 문명의 척도를 인간으로 잡았던 시대를 거쳐, 이제는 인간뿐만 아니라 모든 존재와 공존해야 하는 시대에 접어들었다. 기후 위기를 비롯하여 전 지구적인 생태 위기와 함께 전쟁과 자연재해가 인류에 닥친 재앙으로 다가오면서부터 나라뿐만 아니라 시민의

위기의식이 나날이 상승하고 있다. 이러한 때 문학과 예술은 '생명' 자체가 지니는 본원적인 가치와 의미에 대해 눈길을 돌린 지 오래되었다. 시에 국한하자면, 지난 1990년대 이후로 인간의 무의식과 욕망의 문제를 다양하고 세심하게 스케치하는 가운데, 최근에는 일상과 내면에 스며드는 세계의 부조리한 요소를 도려내어 보여주는 양상이 두드러진다.

김혜강의 시는 현대 시의 다양한 특징을 공유하는 가운데, 세상의 풍경을 자신만의 사유로 편집하고 녹여내는 수법이 예사롭지 않다. 이는 기존의 시 언어를 적극 활용하면서도 시인이 체득하고 감지하는 일상의 공기에 저만의 빛깔을 부여하는 독특한 언어 운용에서 비롯한다. 여느 시인과 비슷한 듯 차별성을 띠는 시적 비유와 구문은 시인이 오랫동안 '신화적 상상력'이나 '동화적 상상력'을 지녀 왔음을 반증한다. 복된 세계가 인간에게 선사하였던 행복감은 지금 세상에서는 더 이상 찾아보기 힘들다. 그러나 아직 우리가 경험하지는 못했지만, 상상으로 추리할 수 있는 세상에 대한 사유는 시인으로 하여금 시·공간을 가로지르거나 덮고 있는 경계를 부드럽게 젖히고 지우면서 생기발랄한 가능성의 세계를 제시하기에 이른다. 이것은 시인의 눈이 편견과

억견(臆見)으로부터 해방되어 세계의 지평을 가만히 응시하는 데까지 독자를 안내하는 일과 이어진다.

    무이자로 하늘을 마구 끌어다 썼어요
    소파에 앉으면 소파식으로
    마당에 서면 마당식으로
    백화점에 가면 백화점식으로
    하늘을 무이자로 마구 끌어다 썼어요
    문득 가방을 열어 보았어요
    입이 터질 듯한
    문득 원금도 돌려줄 수 없다는 생각이 번개처럼
    심장 한가운데를 번쩍 쳤어요
    이제 보니 너무 많이 즐겨 사용한 시간
    가죽이 너덜너덜해졌네요
    채널을 돌려 봐도
    수신이 원활하지 않네요
    행복을 너무 섭취하면
    종일 누워 천장만 바라보고 살 수도 있다지요
    일방통행로에는 앞모습을 분실한 것들만
    다닌다는군요
    그동안의 무례를 사과드린다고 하늘로

문자 한 통 날려야겠어요
마구 끌어다 쓴 하늘
틈나는 대로 씻어 고이 다림질하여
되도록 빨리 돌려 드려야겠어요

— 「남용濫用」

'남용'이란 말이 환기하는 부정적인 어감은 첨단 자본주의 사회를 살아가고 있는 현대인에게는 그다지 위험으로 느끼지 않을 만큼 몸과 마음에 익숙하다. 그런데 시인이 겨냥하고 있는 남용의 대상은 흔히 생각하듯이 물질이나 눈에 보이는 것이 아니라 '하늘'이다. 하늘을 남용한다는 특이한 상상을 허용한다면, 위 시는 하늘을 함부로 끌어다 쓰는 사람에 대한 단순한 비판을 넘어서 하늘과 함께하는 생명체의 복된 나날에 대한 찬사로 읽을 수도 있다. 함부로 쓰고, 함부로 숨을 쉬고, 함부로 쳐다보아도 묵묵하게 자리를 지키고 있는 것이 있다는 게 얼마나 행복한 일일까. 한편, "이제 보니 너무 많이 즐겨 사용한 시간"이기도 해서 하늘은 우리에게 시간, 즉 생명의 운행에서 생겨나는 성숙과 소멸을 귀띔하는 거룩한 존재이기도 하다. 하늘에 비춰 무수한 생장을 거듭하는 생명체는 하늘의 속성이기도 한 허무와 허공의 의미를 자각하게 하면서 순간순간 숨을 쉬며 살아가는 인간에게 늘 그러하면서도 다함이 없는 진실의 보따리를 안겨다 주는 것이다.

시인은 "행복을 너무 섭취하면/ 종일 누워 천장만 바라보고 살 수도 있다지요"라고 말함으로써 하늘이 만들어 내는 행복과 만족을 새삼 일깨운다. 위 시는 지루한 일상에 비켜서 바라보고 응시하는 이 세계가 작동하는 원리와 본질이 우리에게 얼마나 큰 위안과 의미를 던지는지 되짚어 보게 한다. 위의 시를 이렇게 읽으면, 시인은 현실 세계의 환난과도 같은 복잡성에도 희망의 근거를 찾아야 한다고 말하는 듯하다. 시는 현실의 틈과 경계에서 피어오르는 꽃송이를 발견해 언어로 흔적을 남기는 장르이다. 여기에 '시인'이라는 실존적이고 주체적인 존재의 경험과 사유가 들어간다. 순진무구한 눈으로 세상을 바라보면 읽을 수 있는 또 하나의 세계를 우리에게 보여 주는 시인의 작업에서, 한편으로 편협된 사고와 눈매로 세계를 재단하곤 하는 현대인에게 교정된 시각을 찾을 수 있는 것이다.

외투를 벗자 손을 내밀며 봄이
분홍을 소개해 주었다

나는 시골 태생이라

진달래가 가르쳐 준 분홍을 이미 알고 있었지만

처음처럼 인사를 주고받았다

지난겨울에는 크레파스를 잃어버려

아무 그림도 그릴 수 없는 시린 손발이

도화지를 슬프게 하였는데

춥다는 핑계로 문구점에는 가지 않아

그림으로 가던 도화지가 길을 잃어버리기도 했다

그 바람에 풍경은

무채색을 빠져나가기 위한 바람과의 언쟁에

남은 잎들마저 모두 잃어버렸고

나는 도화지의 기억을 되찾기 위해

분홍을 직접 찾아 나서려다

곱디고운 그 생각을 신발장에 도로 넣은 적도 있었다

그때 만났더라면 오래전 친구가 되었겠지만

지금도 늦지 않았다며

분홍이 내미는 손

겨울이 끝남을 직감했다

― 「분홍」

계절이 바뀌는 때 달라지는 자연의 색상은 우리에게 부푼 꿈과 희망을 안겨다 준다. 시인은 '분홍'이라는 빛깔을 건네는 봄을 맞이하면서 떠올리는 겨울의 시간을 잊지 않는다. 겨울은 인내와 함께 기다림의 결실이 무엇인지를 알려 주는 계절이다. "지난겨울에는 크레파스를 잃어버려/ 아무 그림도 그릴 수 없는 시린 손발이/ 도화지를 슬프게 하였는데/ 춥다는 핑계로 문구점에는 가지 않아/ 그림으로 가던 도화지가 길을 잃어버리기도 했다"는 구절 전체는 봄을 기다리는 추운 계절인 겨울을 지나는 시인의 감각을 상징하고 비유하는 것으로 읽어도 상관없을 것이다. 색채가 다 지워져 잿빛 음영만 덩그러니 세상을 뒤덮는 을씨년스러운 계절에서 인간은 모든 생명체와 함께 한껏 움츠러들고 작아진다. 겨우내 기다렸던 의지와 마음에 활기를 불어넣는 것이 봄의 전령이 선사하는 알록달록한 색깔이다. 분홍은 새하얗게 메말라 버린 도화지에 온기와 습기를 주입하여 세상의 계절이 바뀌었음을 최초로 알려 주는 색이자 기호이다. "분홍이 내미는 손"은 자연스럽게 인간의 몸과 마음으로 스며들어 생명의 푸릇푸릇한 정기를 일깨운다. 자연은 끊임없이 변하지만, 그 변화의 한복판에 있는 존재에게는 변화의 낌새를 알아차리기란 여간 어렵지 않다.

한 계절이 기울고 차면, 어느새 사라져 버린 줄로만 알았던 또 다른 계절이 눈을 치켜뜨고 우리를 향해 다가오는 소리가 들린다. 시인은 가냘프고 미약하지만 자연의 색채로 안부를 전하는 계절의 마중에 민감한 존재라는 사실을 위 시를 통해 새삼 느끼게 된다.

비를 타고 물고기들이 내려오고 있어요
물고기들 따라 하늘도 하강하고 있어요
첨벙첨벙 장화를 신고 사람들이
저것 보세요 하늘 속을 한가로이 걸어 다니네요
별들이 하수구로 흘러들어요
달님도 흘러들어요
하지만 문제없어요 이내
넓은 세상으로 나가 반짝일 거니까요
물고기 따라 하강한 하늘이
지상의 가장 낮은 곳에 저리
임하고 있네요
가슴이 가문 사람들이 신변을
구름처럼 풀어놓느라 온몸이 다 젖었네요
외할머니 같기도 한
그래서 구름은 인간적이에요

가끔 시커먼 화를 낼 때도 있지만
　유유자적하고 정이 많은 게 본성이죠
　저기요, 가만히 귀 기울여 보세요
　세상 가장 어두운 곳의 뿌리들
　천기에 몸 씻는 소리 들려요
　후훗, 세상은 곧 만삭이 되고
　나무들은 가지마다 태양을 달 거예요
　비가 그치면 하늘은
　걱정하지 마세요
　햇빛을 물고 오르는 물고기를 잡아타고
　천상으로 돌아가니까요

-「비」

　계절의 변화와 함께 천변만화하는 날씨의 변화에도 시인은 특유의 감성으로 수용하면서 시적 언어로 형상화한다. 비 오는 풍경을 그린 위 시는 비와 함께 시인의 눈에 보이는 온갖 사물과 대상의 움직임을 묘사한다. "비가 그치면 하늘은/ 걱정하지 마세요/ 햇빛을 물고 오르는 물고기를 잡아타고/ 천상으로 돌아가니까요"에서 엿보이는 동화적 상상력이 시인의 감성을 아이와 같은 마음으로 물씬 적시게 됨을 볼 수 있다. 여기서도 하늘의 이미지는 중요하다. 하늘 어딘가 구름 속에 저장된 액체가 바람과 중력의 파도를 타고 땅으로 내리꽂히면, 땅 위의 온갖 생명체는 덩달아 아래로 고이거나 흘러 들어간다. 시인은 이러한 모습을 "세상 가장 어두운 곳의 뿌리들/ 천기에 몸 씻는 소리 들려요"로 묘사한다. 눈에 보이지 않는 생명의 뿌리가 비를 맞으면서 왕성한 생명력을 곤추세우는 형상으로 변모될 때, 이 세상과 우주는 풀 길 아련한 신비로 가득 차게 된다. 자연의 신비는 시인에게 생명의 비밀이 어떤 원리와 법칙으로 원활하게 자리를 옮기면서 우리에게 현현(顯見)하는지 어느 때 어느 곳이라도 보여 줄 준비가 되어 있다.

김혜강의 시가 보여 주는 자연과 우주의 신비, 그리고 일상에서 흔히 보게 되는 사물의 풍경에서 자극되는 시적 상상력은 '인간'이라는 우주 속 생명의 고귀한 존재에 대한 호기심과 함께 존중과 배려의 마음에서 발효된다. 시인에게 세계는 시적 형상화의 한 요소이지만, 무너지고 상처받기 쉬운 연약한 개체일 따름인 인간의 마음을 살찌우기 위한 배경이요 후경(後景)이기도 한 것이다. 여기에는 사랑과 평화가 인간 공동체에 온전히 가득하기만을 기도하는 평소 시인의 성품이 녹아 있다. 특히 개인주의가 극도로 치달아 불신과 의심이 만연하면서 잃어 가는 휴머니즘을 복원하려는 마음을 볼 수 있다. 시인이 회복하고자 하고 복원하려는 세계는 잃어버린 고대 사회에 팽배했던 만물 일치와 신인(神人) 합일을 염원하면서 모든 존재가 우주 공동체로 묶이려 노력했던 시대였는지도 모를 일이다. 그런 세계는 지금은 시인의 상상에서나 남아 있다. 더욱이 이성과 세계 대상이 단단한 경계로 갈라진 지금, 언어를 통해 세계와 소통했던 원활한 커뮤니케이션의 체계가 허물어지면서 저마다 고립된 세상에서 홀로 분투하는 현대인의 초상은 시인에게 극복해야 할 풍경으로 다가온다.

> 당신이 사용할 언어를 듣는 이에게
> 안전하게 도착하도록 돕는 몇 가지 지침입니다
> 발화 중, 예기치 못한 오해의 돌멩이나
> 급경사의 왜곡들을 만나는 돌발 사태가
> 일어날 수도 있으니, 종류를 파악하여
> 의미 변질이 되지 않게 발효시킨 뒤
> 최적의 상태를 유지하는 언로言路를 찾기 바랍니다
> 엔진을 예열시켜 출발하는 자동차보다 빠르게
> 상대의 귀에 언어를 부릴 수 있지만
> 어딘지 모를 언어의 골짜기에는

해독제를 구하기 힘든 맹독이 숨어 있기에
빛의 속도로 달리던 수목들이 기어를 중립에 두고
차분한 비의 손끝을 빌려 편지를 쓰듯,
발화의 리듬과 경로에 신중을 기해야
맹독성을 휘발시킬 수 있습니다
꽃과 나비가 혼신으로 피워 올린 언어를
세상으로 퍼 나를 때는
태양의 건조체에 메마른 가슴들이
수목의 사연을 읽고 텅 빈
물탱크를 채우는 박자로 가야 하듯
언어의 맹독에 감염된 심장
곤두박질쳐진 마음을 끌어올릴 때는
구급차보다 빨리 상처를 다스려야
후유증과 흉터를 최대한 줄일 수 있습니다
다양한 표정과 시공을 가진 언어들
발화 전, 종류와 성향을 확인한 후
맹독성을 휘발시킬 안전한
경로를 찾으시기 바랍니다

  －「언어 사용에 관한 몇 가지 지침」

위 시에서 시인이 제시하는 일종의 '언어 사용법'은 말을 주고받으면서 기호체계가 만들어 내는 정서나 정보의 전달이 일그러진 우리 시대에 대한 풍자와 비판이자 시적 해결책이다. 언어가 야기하는 긍정적인 요소는 그 부정적인 측면의 하나인 오해와 왜곡을 가져온다. 모든 사람이 올바른 언어를 사용할 수는 없지만, 말이 존재와 존재를 이어 주는 매개체라고 할 때 예기치 않게 발생하는 말의 직설과 상처는 여러모로 우리 시대의 자화상의 하나로 자리매김되었다. 시인은 "당신이 사용할 언어를 듣는 이에게/ 안전하게 도착하도록 돕는 몇 가지 지침입니다"라는 운을 떼면서 시를 적었지만, 사실 발화의 주체에게만 국한하지 않고 언어를 듣거나 말하는 모든 언어 행위 주체를 겨냥하고 있다고 보아야 한다. '언어' 자체는 인간의 감정과 정서의 상황에 따라 얼마든지 왜곡될 수 있으며 상대에게 비수로 돌변할 가능성을 언제라도 지니고 있다. 인간의 마음 크기에 따라 말의 성분은 독극물과 양약을 오간다. 원만한 관계를 지속하기 위한 사회적 에토스(ethos)로써 언어 사용에서 비롯하는 허실을 들여다볼 때 인간이 처한 한계와 부조리를 캐낼 수가 있다.

바빌론 강가에서 목 놓아 운 슬라브족 노예처럼

흐르는 냇가에 앉아
때 묻은 그늘을 흔들어 씻는다
미루나무 위 흰 구름들이
세상을 읽는 은비늘 반짝이는 시냇가
계곡을 건너온 물은
개인과 사회와 국가를 지나 역사로 흘러간다

한때 거대한 탁류로 흘렀던
식민지와 전쟁과 이데올로기와 혁명과 민주주의
측량할 수 없는 비극을 지급하였지만
외딴 행성에서 살아가는 사람들의 녹슨 대문

사지를 통과한 부모와 부모의 부모를 선발대로 태어난 나는
부모에겐 실화實話를 나에겐 옛이야기를 만들고 있지만

잔잔한 선율이 흐르는 냇가에 앉아
그늘을 흔들어 헹구며 세상을 읽는
미루나무 위 구름에 귀 기울이면
시대를 지나온 물은 영원으로 흘러간다

― 「냇가에서」

머나먼 시간의 여행에서 뜻하지 않게 이 시대에 착륙한 우리는 역사가 직조해 낸 현실의 모자이크와도 같은 시·공간에서 저마다 주어진 길을 걷고 있다. 시인에게 현실이란 거대한 우주와 세계가 만들어 내는 환상이나 비밀의 화원 같지 않을까. 응시하는 눈으로 비춰 보는 자연의 파노라마 속에는 숙명처럼 우리를 붙들어 매는 시간의 질곡이 있다. 물처럼 순조롭게 흘러가기만 하는 인생이 아니라서 언제라도 뒷덜미를 잡아채는 손아귀가 있다. 이 손아귀는 존재의 모순과 부조리를 한층 그을리게 한다. "사지를 통과한 부모와 부모의 부모를 선발대로 태어난 나는/ 부모에겐 실화(實話)를 나에겐 옛이야기를 만들고 있지만// 잔잔한 선율이 흐르는 냇가에 앉아/ 그늘을 흔들어 헹구며 세상을 읽는/ 미루나무 위 구름에 귀 기울이면/ 시대를 지나온 물은 영원으로 흘러간다"에서 "시대를 지나온 물"은 인간 사회가 지금까지 개척하면서 진행해 온 모든 앙금과 상처를 맑게 하고 흘려보내는 자연의 정화 작용일 것이다. 냇물을 들여다보면서 시인은 생각한다. 이 지극하고도 준엄한 삶의 법칙이 때로는 자신을 우롱하거나 속일지라도 주어진 생명의 혼줄을 놓아서는 안 된다고 말이다. 김혜강은 역사의 그늘 가장자리에 무연히 서 있는 우리에게 결코 저

버려서는 안 되는 윤리를 제시한다. 이를 시적 언어로 탈색하여 내놓는 자리가 시인과 독자가 궁리해야 하는 자리인 것이다.

    나무가 태양을 씹어 먹고 있다
    바람이 불면
    바람마저 잡고 흔들어 댄다
    온몸을 휘둘린 바람이 비틀거린다

    나무가 흘린 햇빛 부스러기들이
    잘린 도마뱀 꼬리처럼
    은빛 세포분열을 시작한다

    나무가 아무리 씹어 먹어도
    홍수가 일어
    세상 한쪽이 무너져 내려
    수몰을 당해도 태양은
    나무를 잡고 일어나
    동쪽을 딛고
    다시 솟아오른다

믿을 수 없는 건

바람의 방랑벽

몸서리치게 견고한 건

세상의 뿌리

나무가 태양을 잡아먹어도

얼마나 많은 것들을

뿌리가 보듬고 있는가

꿈쩍도 하지 않는 오늘을 보라!

- 「뿌리」

  이번 시집에 실린 다양한 빛깔의 시편 중에서 시인의 눈길이 깊이 머무는 소재가 아닐까 생각이 드는 시로 보고 싶은 작품이다. "나무가 태양을 씹어 먹고 있다"는 기발한 착상이 불러일으키는 이미지는 해 질 무렵 태양이 서산으로 기우는 그림이나 광합성 작용의 범위를 넘어선다. 여기엔 대상과 사물의 정체성이 상대하는 객체, 혹은 배경이 어떤 어우러짐으로 자신의 소임을 펼치는지, 그 존재의 형식이 뿜어 대는 장엄함이 서려 있다. 태양과 바람과 나무, 그리고 나무를 밑바닥에서부터 사방으로 뻗치면서 세계의 공기를 빨아들이는 생성의 단면에는 미처 다하지 못한 생명의 환대가 어른거리는 듯하다. "나무가 태양을 잡아먹어도／ 얼마나 많은 것들을／ 뿌리가 보듬고 있는가"라는 진술에서 뿌리의 의미는 환해진다. 뿌리가 뜻하는 근원적인 바탕에는 아무도 넘볼 수 없는 숭고한 눈빛이 있다. 이 눈빛은 세계와 존재를 그 이름에 걸맞게 치켜세우고 승화시키는 신비로운 우주 생명의 법칙을 발한다. 이는 "꿈쩍도 하지 않는 오늘"이란 구절로 비약하는 시적 진술에서 그 의미는 새로워진다. '오늘'이란 시간의 범주이기도 하지만, 어떻게 보면 공간적 상태와 존재가 마땅히 닿아야 하는 윤리적 범주로 환원해도 하등 이상하지 않은 낱말이다. 오늘이 지속되면서 영원으로 이어진다. 지난 시간과 다가올 시간이 겹치지 않는 한결같은 '지금 이곳'의 배경에서 비가 내리고, 태양이 열을 뿜고, 바람이 불어닥쳐도 좀체로 흔들리지 않는 의지와 마음을 느끼게 한다.

　김혜강 시집은 그런 마음과 사유의 바탕에서 세계를 끌어안고, 응시하고, 환대한다. 이를 시로써 드러냄은, 이 어지러운 세상에서도 그만큼 소중하고 진실된 존재가 기다리는 세계의 지평을 잊지 않고 언어로 그리고자 하는 의지의 반영이다. 시인의 생각이 밀알처럼 차곡차

곡 쌓여 시 언어의 무늬로 형상화될 때, 시인이 바라는 지복과도 같은 세상은 더욱 가까워지지 않을까. 모든 시인이 소망하지만 아무도 들여다보지 못했던 세계는 단지 백일몽이라고 치부할 수만은 없을 것이다. 현실에 부대끼는 일상이지만 이 현실 너머 도사리고 있는 환희와 영광의 세상을 누구보다도 갈망하는 시인에게 그가 만드는 낱말이 모여 뚜렷하고 조밀한 지도가 되리라 믿고 싶다. 불온하고 아이러니한 세계에서 시인의 언어를 결코 무시할 수 없는 까닭이다.